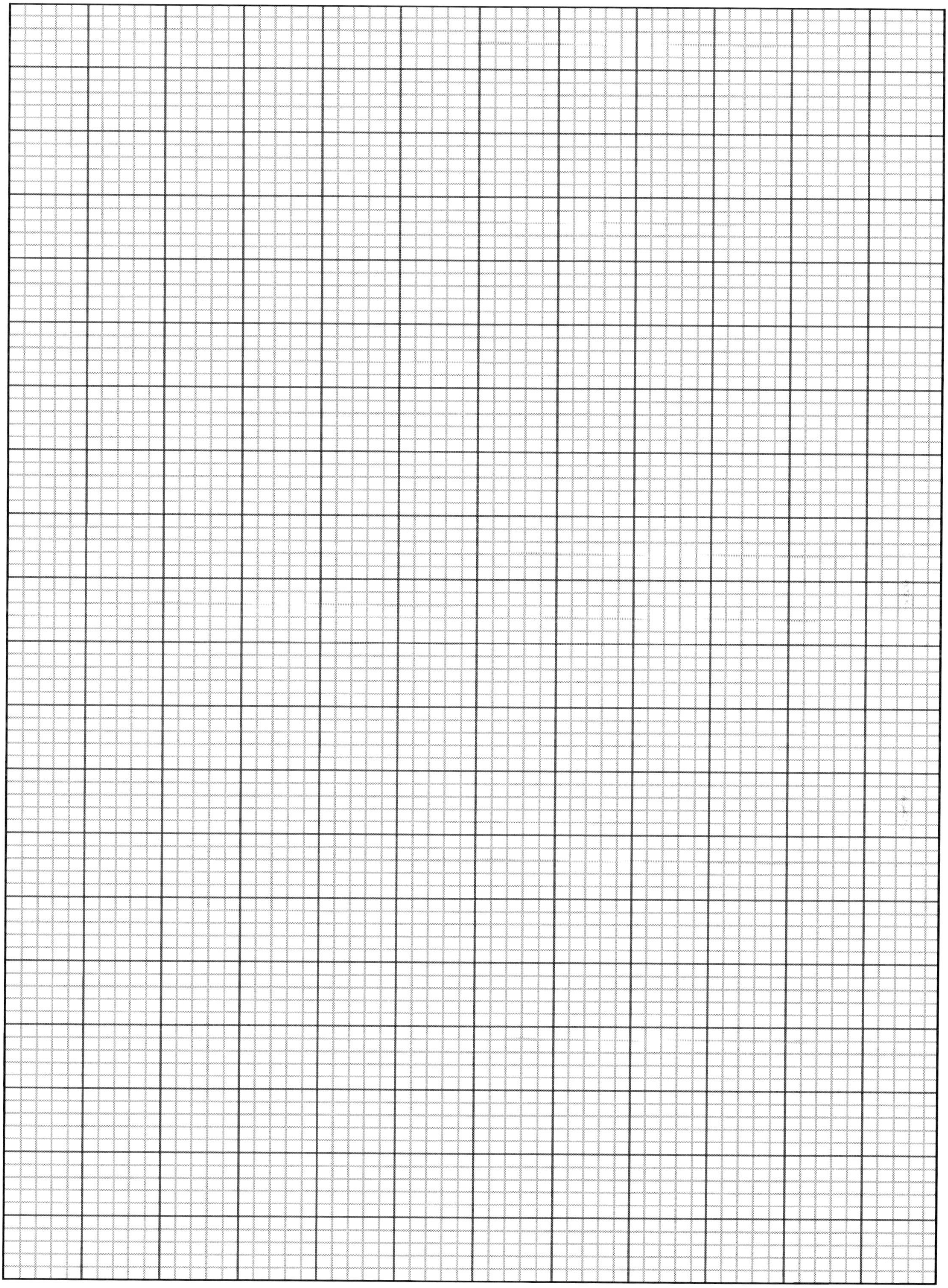

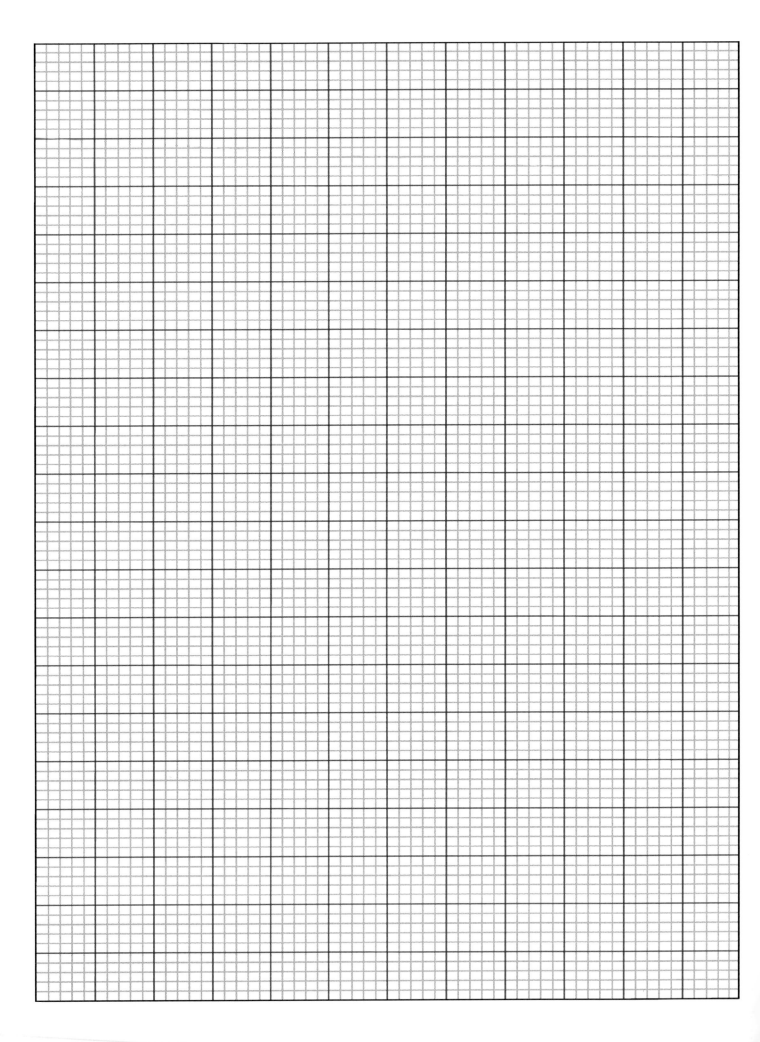

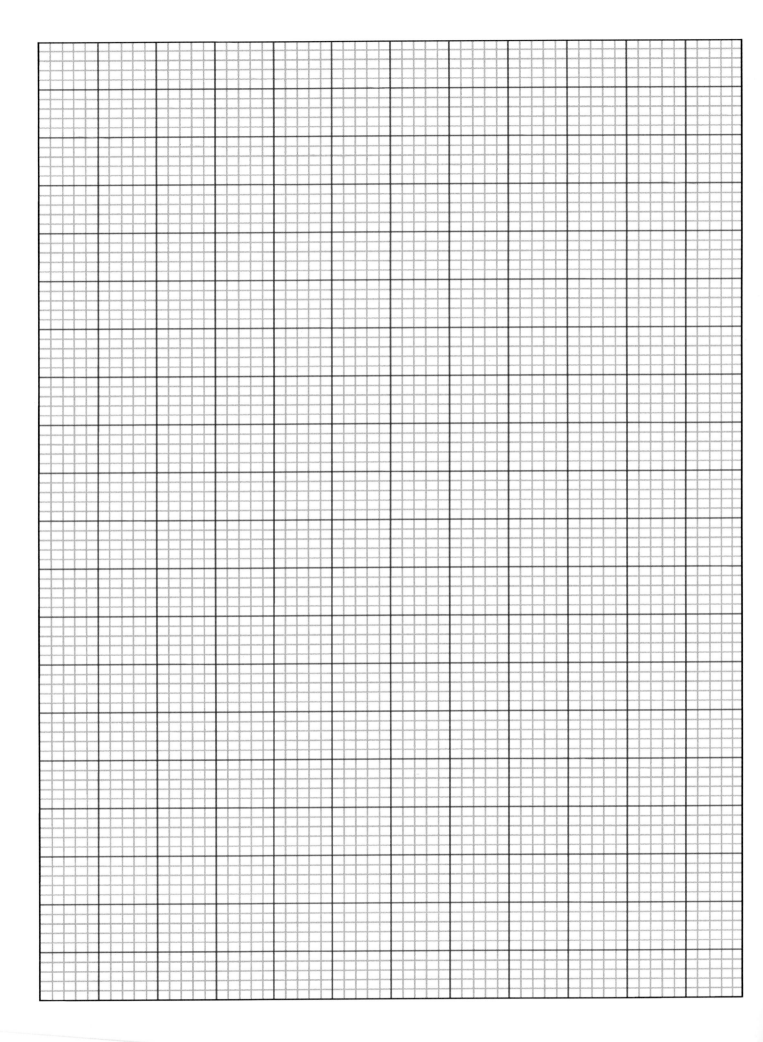

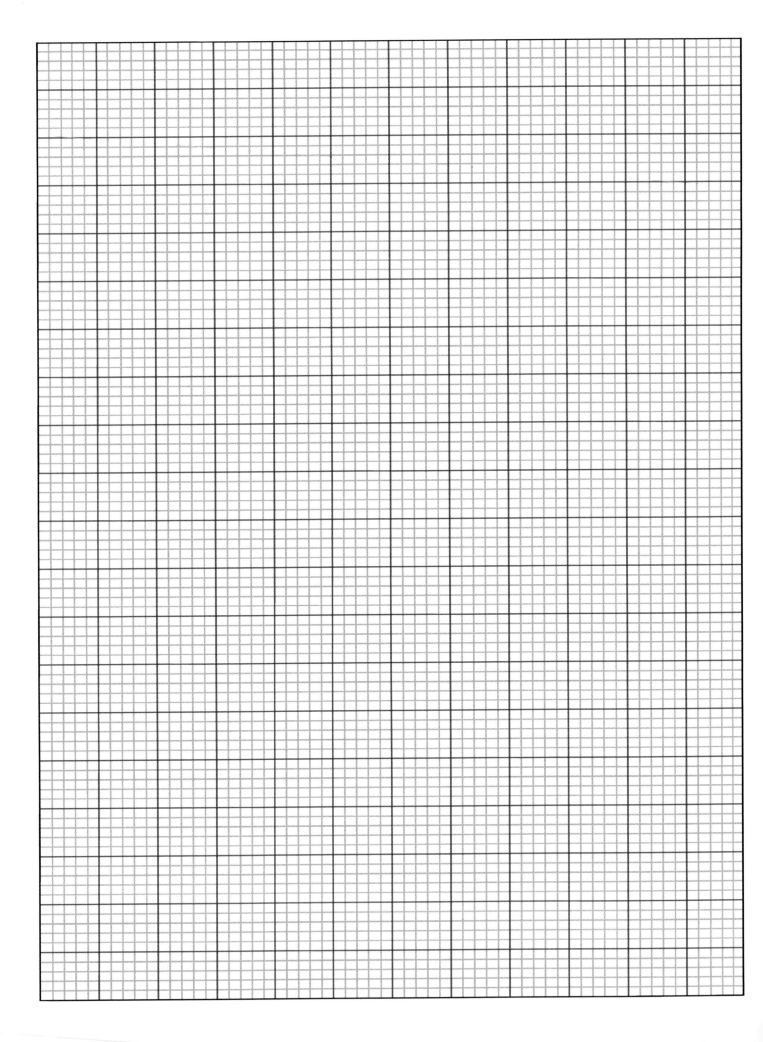

Made in the USA
Middletown, DE
17 June 2020

98165869R00057